I0449285

AGATA PIOMBO

IERI ED OGGI A CONFRONTO
PASSATO, PRESENTE E FUTURO
S'INCONTRANO

**ATTENZIONE. Chi fotocopia il
presente Libro commette un reato!**
Questo manoscritto non è in alcun
modo riproducibile senza l'espressa
autorizzazione della sua autrice
Agata Piombo

PER MAGGIORI INFORMAZIONI:
Agata Piombo
e-mail: adelepiombo@libero.it

"Fatti non foste per viver come bruti,
ma per servir virtude e conoscenza"
(Dante Alighieri)
Rivolto alle nuove generazioni e,
soprattutto, a Silvia Pepe, ai miei
figli, amici, e le splendide nipotine
donne del domani.
Agata Piombo

Idea di questo lavoro è nata dal desiderio di mia nipote, Silvia di Milano, nel voler conoscere gli stili di vita e le abitudini della generazione precedente la sua. Inoltre, è capitato di raccontare alle mie nipotine alcuni brandelli di vita della mia infanzia. Mi sono decisa, così, a descrivere come si viveva senza le nuove tecnologie facendo leva sui ricordi proiettati agli inizi anni quaranta.

C'era senza dubbio un rapporto umano che ci univa, una ricchezza di valori oggi sconosciuto ai più.

Bene, la memoria colloca certi stili di vita ai miei tre anni. La domenica si indossava il vestitino della festa e con i genitori, soprattutto con la mamma, ci si recava a messa ed anche se questa era recitata in latino si riusciva a seguire piuttosto concentrati, sul capo era di rigore indossare un velo che lo coprisse e, ce n'erano di tutti i tipi e modelli, si faceva quasi a gara a chi lo avesse più bello. Terminata la funzione ci si fermava a chiacchierare con i conoscenti, il tempo era come trascorresse più lento, tutto si svolgeva con una certa calma, a differenza di oggi che a mala pena ci si saluta in modo sfuggevole e frettoloso. Parlo degli anni subito dopoguerra, iniziavamo a sollevarci da una catastrofe che ci aveva travolto,

c'erano macerie ovunque anche nell'anima.
Tornati a casa ci avvolgeva l'odore del ragù con le braciole, cucinato prima di uscire. Il macellaio e il panettiere di domenica aprivano la loro bottega,perciò la carne (quando si poteva) si acquistava la stessa mattina, così il pane con il suo fragrante profumo, ed anche i "maccheroni" si acquistavano quotidianamente, avvolti nei cartocci di carta gialla. C'era un rapporto con i piccoli negozianti di stima e fiducia, sia il negoziante che il cliente possedevano un taccuino dove veniva scritta la spesa giornaliera con la cifra corrispondente per poi saldare il sabato quando si riscuoteva il salario. Oggi ci sono le grandi distribuzioni, con i loro fantasmagorici colori e i prodotti distribuiti negli scaffali con strategia in

modo da stimolare il desiderio di acquistare anche il superfluo, trovi di tutto: le ore a disposizione sono preziose, quindi fra quei corridoi colorati e chiassosi si fa la spesa e si può trascorrere contemporaneamente qualche ora di svago, non essendoci ulteriori alternative. Tornando al ragù della domenica, era un rito, la sua cottura durava ore sino a quando il sugo non diveniva quasi di colore bordò; doveva essere speciale, era un lusso che ci si poteva permettere soltanto di domenica e non durante i giorni della settimana e spesso il formaggio grattugiato era sostituito dalla mollica di pane soffritta. Si usava la salsa fatta in casa durante l'estate (a Bari si diceva "le bottiglie") con il coinvolgimento di tutta la famiglia e a volte anche di amici.

Anche questa operazione era un rito, faticosissimo ma necessario perché non esistevano i pelati o salsa già pronta come ora,e noi bambini in quei tre giorni di gran lavoro eravamo coinvolti ad aiutare. Anche questo era un modo di riunire e coinvolgere la famiglia tutta. Non esistevano le moderne cucine, né il gas, ma c'era una struttura in muratura quadrata o rettangolare (in base alla grandezza) ricoperta di mattoni bianchi con due o tre fornelli e uno più grande degli altri che conteneva una caldaia in rame, nel frontale c'erano degli sportellini in cui si inseriva il carbone o la legna: questa si accendeva, si sventolava con un ventaglio di paglia fino a che il fuoco diveniva vivo, sopra nei fornelli le pentole di alluminio o di rame per cuocere il cibo, questo veniva cucinato volta per volta, giorno per giorno: il frigorifero era una voce sconosciuta almeno per noi italiani; pensate che in estate per rinfrescare l'acqua o la frutta o l'anguria, si acquistavano i blocchi di ghiaccio si poneva il tutto in una bagnarola (vasca) affinchè si rinfrescassero o si poneva la roba nel lavello facendo scorrere a filo l'acqua dal rubinetto (questo chi aveva la fortuna di avere l'acqua in casa), quando si andava al mare si scavava una buca in riva in modo che l'acqua del mare con il suo andirivieni centrava l'obbiettivo; l'acqua della cottura della pasta si versava in un recipiente e serviva per lavare i piatti e le stoviglie: non arricciate il naso perché recentemente in televisione ho sentito dire da esperti che sarebbe il modo migliore.

Riuscite ad immaginare quanto tempo era necessario quotidianamente   per poter assolvere tutte le esigenze giornaliere? Eppure erano gesti che si compivano come al rallentatore, il tempo sembrava trascorrere più lento, oggi con tutte le tecnologie e comodità a disposizione la giornata trascorre in modo stressante e convulso rendendoci sempre più nervosi e stanchi. Ricordate la caldaia accennata prima?

Bene, assolveva tante funzioni:

1) si cuocevano i "maccheroni" quando si era in tanti;

2) si mettevano a bollire, coperti di stracci, le bottiglie di salsa (di cui vi ho parlato prima);

3) si riscaldava l'acqua più volte,si versava   in una tinozza e ci si faceva il bagno (a volte la stessa acqua serviva per più persone), non esistevano scaldabagni né vasche, né cabine doccia;

4) si usava per il bucato, anche in questo caso un rito che durava due giorni.

Si metteva a bagno nell'acqua calda la biancheria per qualche ora, poi si strofinava a mano sullo "*stricatoio*" (tavolozza di legno) con un sapone che veniva ricavato dalla terza spremitura della sansa d'oliva, infine si rimetteva a bagno con la liscivia (prodotto a base di cenere chiusa in un sacchetto) per sbiancare, in aggiunta a delle palline azzurre dette "*bluette*", si lasciava una notte, il mattino successivo si sciacquava il tutto e si stendeva il bucato sui terrazzi o nei cortili su fili di corda: ragazzi, il profumo di quella biancheria era qualcosa d'inebriante e unico, nulla a che vedere con quello artificiale procurato dai prodotti moderni e secondo me anche nocivi.

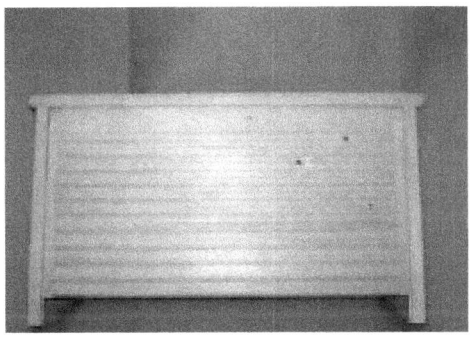

Che spettacolo vedere i panni sventolare al sole, rigorosamente bianchi, e dove ci fossero macchie resistenti al lavaggio si lasciavano al sole insaponati e in seguito si risciacquavano.

Vi chiederete: almeno esistevano le mollette per bloccare la biancheria? Vi rispondo di no, ma il sistema c'era: ogni filo di corda era collocato a doppio, i lembi della biancheria si infilavano nello spazio fra i due fili di corda così riusciva a trattenere i lembi, assurdo verrebbe da dire eppure per allora era tutto normale,non conoscendo il nuovo, il vecchio rientra nella norma.

Ora vi racconto un'usanza che certamente vi farà arricciare il naso dal disgusto, ma purtroppo era l'operazione più disgustosa e incredibile. Io ero fortunatissima ad avere il water in casa perché abitavo in un palazzo appena costruito nel dopo guerra, la maggior parte della gente invece faceva i propri bisogni fisiologici in contenitori alti di creta con coperchi (a Bari si chiamavano "*u'prise*", in altre detto il "*cantarano*"), al mattino successivo si mettevano fuori la porta,

passava una specie di autobotte che versava il tutto dentro, questo bel materiale veniva svuotato nelle campagne e il tutto serviva come concime; i più fortunati che possedevano un cortile o giardino si facevano scavare un pozzo nero con una botola dove svuotare il contenitore, logicamente tale pozzo si intasava e spesso occorreva sturarlo. Sembra surreale ed incredibile da terzo mondo, desta repulsione, eppure ci siamo vissuti in quelle situazioni,oggi che un solo bagno non basta più, e si va alla ricerca di comodità sempre maggiori poco apprezziamo ciò che possediamo.

Avendo vissuto per i miei primi dieci anni in una frazione, vi parlo dell'esperienza vissuta da me in quegli anni, il cui ricordo è impresso nella mia mente. Molte abitazioni erano o palazzine familiari con al massimo due piani con stanze dislocate in essi, o c'erano molti "bassi" abitazioni a livello; con il giungere della bella stagione, di pomeriggio si mettevano fuori le sedie e gli adulti si riunivano a chiacchierare, mentre i bambini giocavano (in città c'erano più giardini comunali e le riunioni per piccoli e adulti si svolgevano là).

Quanti giochi oggi sconosciuti!

I ragazzi e bambini moderni anche quando si ritrovano in gruppo hanno sempre il dito sul cellulare per chattare o inviare messaggini, non si dialogano quasi più fra loro, come se non ci fosse nulla da dire: si è soli fra tanti!

Desidero elencarveli quei mitici giochi che coinvolgevano tutti, si litigava e si faceva pace, giochi che stimolavano la fantasia e la condivisione; ebbene c'era la campana, la cavallina, il girotondo, acqua fuoco e fuochino, la trottola (a Bari detta "*u'virruzz*"), il gioco dei cinque sassolini, il gioco con i tappi di ferro colorati, il gioco con le figurine dei calciatori, il percorso disegnato dove far scorrere le biglie di vetro dai fantasmagorici colori, mosca cieca, palla prigioniera, il pari e dispari, nascondino, tira e molla, i quattro cantoni, palla pallina (si lanciava la palla ad una parete e cantando si facevano i movimenti che la canzoncina indicava senza farla cadere e, quando succedeva passava all'altro giocatore), mosca cieca.

Io, come qualche altra bambina fortunata ho posseduto una bambola di ceramica, ma erano bambole delicate da tenere da conto, invece si giocava con quelle di stoffa imbottite di segatura e, vi assicuro che quando malauguratamente si bucavano (e succedeva spesso) era un disastro; poi le costruivamo noi con i fazzoletti di cotone: lo piegavamo in otto parti, prendevamo i due lembi laterali e li portavamo su, disegnavamo gli occhi e la bocca con i pastelli e voilà la nostra bambola era pronta per giocarci, e poi si compravano i pesciolini di liquerizia e *"la gatta nel sacco"* (consisteva in un rotolo di cartoncino rivestito di carta crespa colorata, ai lati chiusa e dentro c'era la sorpresa, una stupidaggine, che per noi rappresentava una ricchezza; così collezionavamo minuscole tazzine, piattini, bottiglie in miniatura ecc.. per poterci giocare).

Certo, la fantasia faceva da padrona!

L'usanza voleva che una ragazza prossima al matrimonio esponesse il suo corredo, per un giorno le stanze delle abitazioni sembravano delle vetrine di negozi: tale corredo aveva dei canoni ben definiti, c'era chi portava "panni a sei, o a otto, o a dodici, cosa significava?

Ve lo spiego, significava che in base al numero stabilito ogni capo, persino quello intimo doveva corrispondere al numero dichiarato, (es.: panni a sei? Ogni capo doveva essere sei a sei); chi faceva la *"fuitina"* poi obbligatoriamente doveva portare il minimo e cioè "panni a quattro".

Non vi dico il via vai di persone che visitavano tale esposizione, anche chi non conosceva la ragazza interessata, ma per pura curiosità e diciamola tutta perché si offrivano dolcetti e cioccolatini; i parenti stretti e i conoscenti visionato il tutto lasciavano sul letto dei soldi considerati come un aiuto economico dato alla famiglia. C'era ancora un'altra usanza, che io reputo da terzo mondo con gli occhi di oggi, e cioè: a matrimonio avvenuto gli sposi dovevano mostrare alla suocera la prova della verginità della ragazza, e lì ci sono stati casi di ripudi, oggi si spiegano molti fenomeni, ma all'epoca tale prova era sacra, sembrerebbe di parlare di medio evo eppure era fine anni quaranta. Con la bella stagione si costruivano gli aquiloni di carta crespa colorata o con la carta delle uova di pasqua ritagliata a varie forme, incollata alle stecche di legno con un miscuglio di acqua e farina, lavoro che impegnava parecchio, però quale bellissimo spettacolo vedere volare in cielo tanti aquiloni dai più svariati colori facendo a gara di chi fosse il più bello e il più resistente ma soprattutto si era soddisfatti per averli costruiti con le proprie mani. Nel luogo in cui vivevo, considerata periferia, avevo l'opportunità di aggiungere altri modi di svago; ci si intrufolava nel giardino della piccola stazione della Sud Est, fuori degli orari del passaggio dei treni e con la complicità dei figli del capostazione, nostri amici, si faceva a gara per chi trovava schegge di vetro con i colori più belli, ci si arrampicava sui grossi piloni della luce per poi scivolare giù, si raccoglievano fiori di glicini per poi mangiarli; sembrava una bravata allora, oggi i fiori, i grandi *chef* li utilizzano in molte ricette. Ci si inventava di tutto e di più, dando larghissimo spazio alla fantasia, cosa che oggi manca in quanto ogni gioco è già programmato, ci sono giochi al computer e smartphone con la differenza che il compagno di giochi è un freddo strumento o al massimo con giocatori virtuali.

Le sere d'inverno, la famiglia si riuniva attorno al braciere: contenitore basso in ottone o ferro dove si poneva la carbonella (ricavata da legna bruciata), la si accendeva sino ad ottenere una brace viva e per ovviare all'odore acre si spargevano bucce di arancia o mandarino, si diffondeva così nella stanza un odore gradevolissimo; il braciere veniva a sua volta incastrato in una pedana di legno rotondo dove poter appoggiare i piedi, una cupola alta fatta di strisce piatte di lamine di legno intrecciate veniva posta sopra con la doppia funzione di evitare che i bambini cadessero nella brace e per asciugare i panni. Attorno ad esso sedeva la famiglia e spesso degli amici: chi sferruzzava (maglioni, maglie intime, calze, ecc..), chi raccontava avvenimenti recenti e del passato, noi bambini giocavamo ma, quando sentivamo raccontare episodi di vita trascorsa o di guerra eravamo attratti ed anche noi ci soffermavamo ad ascoltare con la curiosità genuina dei bambini. Man mano si consumava la brace, prima di aggiungere altra carbonella se ne prendeva un po' e la si metteva in un contenitore con coperchio e manico detto *"scaldino o monaco"*, si posizionava sotto le coperte per riscaldare le lenzuola; se poi c'era da stirare se ne metteva una parte nella base apribile del ferro da stiro di ghisa pesante. Oggi ci sono i termosifoni, stufe ad alta tecnologia, pompe di calore, ferri a vapore e stiratrici: oggetti che hanno eliminato tanta fatica,ma hanno eliminato anche la congregazione, le riunioni, il raccontare e soprattutto l'ascolto. Erroneamente si può pensare che oggi si gustano pietanze prelibate, certo si hanno a disposizione tanti preparati ed anche cibi già pronti, ma allora si gustava la genuinità delle pietanze. Le pietanze che avevano bisogno della cottura al forno si condivano e le teglie si portavano dal fornaio più vicino e si ritiravano cotti dopo un tempo stabilito, così dolci e pasterelle. Per le strade era usuale vedere il via vai delle persone che si recavano al forno specie in prossimità delle festività, fra le amiche c'era uno spirito di collaborazione nell'aiutarsi l'un l'altra alla realizzazione di ogni tipo di leccornia; anche il liquore detto *"rosolio"* si faceva in casa con un procedimento piuttosto lungo: si adoperava alcool, boccette dell'aroma desiderata e dopo un certo tempo di infusione si filtrava il tutto attraverso una garza, facendo a gara a chi fosse venuto meglio. Il sapone, di cui vi ho parlato prima, oltre per lavare la biancheria serviva per l'igiene personale e strofinato in uno straccio ricavato da vestiti dismessi (dopo che erano stati rattoppati più volte!) si puliva il pavimento, si ignorava l'esistenza dei bagno schiuma dalle varie fragranze, né shampi per ogni tipo di capello né deodoranti (a quell'epoca consisteva in una miscela di bicarbonato e borotalco).

Il rattoppo degli indumenti era all'ordine del giorno per poter sfruttare sino all'inverosimile gli indumenti; gli abiti venivano confezionati dalle sarte o sarti da uomo su misura e vi assicuro che era una figura artigianale molto diffusa, avevano lavoranti e apprendisti al seguito che imparavano il "mestiere", comunque era una spesa che non ci si poteva permettere spesso, i più fortunati che sapevano cucire potevano confezionarseli: c'era il vestito della "festa" e quello più andante per tutti i giorni, così le scarpe: un paio invernale ed uno estivo rigorosamente bianche (si pulivano con il bianchetto), in estate giornalmente si usavano scarpette di stoffa.

C'erano molti negozi e bancarelle di tessuti: dove sono finiti ora?

Viviamo nell'epoca dell'uso e getta e queste figure pian piano sono quasi sparite, si trova tutto già confezionato e manca la pazienza e il tempo per realizzarli. Per le vie incrociavi spesso i fotografi che scattavano foto stupende in bianco e nero a richiesta, quasi nessuno possedeva una macchina fotografica, infatti molte mie foto di piccola sono state scattate in strada o negli studi del fotografo: che fotografie meravigliose, cari amici, ogni qual volta che le rivedo mi commuovo.

I parrucchieri a fine anno regalavano ai clienti dei calendari tascabili, bellissimi con scene di film o immagini di attori, con

un segnalibro di fili di seta, ma la loro caratteristica era che profumavano, adatti da riporre nelle borsette delle signore, io ne conservo gelosamente ancora due.

La vita era scandita da gesti che si ripetevano anno dopo anno con lo stesso ritmo: agosto era il mese dei traslochi, fine novembre e dicembre dedicato ai dolci natalizi, settembre alla salsa fatta in casa, la primavera a lavare e cardare la lana dei materassi per poi riporla nelle fodere rifacendo i bordi con degli aghi lunghi e ritorti, in estate invece si adoperavano materassi di crine (o paglia) perché più freschi.

Con l'approssimarsi delle stagioni, già si sapeva che compito attendeva specie per le donne, certo la loro fatica non era da poco visto che il tutto era fatto manualmente!

I nostri taxi erano le carrozzelle trainate da uno o più cavalli, scomparse man mano che il traffico nelle strade diveniva sempre più intenso; c'erano i calessi biposto sempre trainati dal cavallo e poi i carretti, utilizzati per chi andava in campagna ma erano utilizzati anche quando ci si riuniva fra amici e si andava per una gita in campagna o al mare.

Ricordo la Pasquetta si trascorreva in allegra compagnia, ognuno preparava qualcosa e ci imbarcavamo sul carretto; oltre al cibo c'era chi portava la fisarmonica, chi la chitarra e si cantava e si ballava felici di quel poco considerato un lusso; si usciva da una guerra devastante che aveva seminato morte, distruzione e tanta fame, si aveva una gran voglia di ricominciare a fatica ma con una volontà di ferro.

Oggi ci sono i fine settimana, viaggi organizzati che ti fanno ritrovare con tante persone certamente, ma sconosciute, la loro conoscenza finisce appena tornati a casa. Certamente le vacanze sono sempre esistite ma era un privilegio dei benestanti, la maggior parte si accontentava delle brevi gite "fuori porta" come si dice oggi o al massimo se si aveva la fortuna di avere parenti o amici stretti che abitavano in campagna o vicino al mare si usufruiva della loro ospitalità. Mi sbaglierò, ma ho la netta impressione che l'esistenza di allora trascorreva più pacata e regolare, non si sentiva pronunciare la parola "stress", oggi molto in uso a causa dello svolgersi delle giornate in maniera frenetica, pur avendo tanti mezzi a disposizione che dovrebbero alleggerire il lavoro quotidiano.

La raccolta della spazzatura avveniva realmente *"porta a porta"*, ogni famiglia possedeva dei secchi in zinco,il fondo si copriva con tanti strati di giornali onde evitare che lo sgocciolio dell'umido sporcasse, al mattino presto si ponevano fuori la porta, venivano svuotati nelle cisterne dal personale addetto, badate che queste povere persone per prendere tali secchi, salivano a volte più piani con scale piuttosto ripide: svuotavano i secchi e li riportavano vicino casa. Ora ciò che sto per raccontarvi farà torcere il naso. Era usuale vedere fuori la porta dei *"bassi"* donne sedute in una sedia, un panno bianco sul grembo, i bambini seduti di fronte in un banchetto con la testa in giù, e loro con un pettinino con denti molto stretti (detto *"pettine stretto"*) veniva passato nei capelli alla caccia dei pidocchi e man mano cadevano con le unghie dei due pollici schiacciarli, dopo questa prima operazione si spargeva in testa la polvere del DDT, sino alla scomparsa di questi "graditi" insetti.

Che schifo! sento già dire, ma allora non ci si vergognava, faceva parte della routine, oggi giorno c'è da meravigliarsi con i prodotti per l'igiene esistenti, eppure sentiamo ancora parlare di epidemia nelle scuole! L'uso del DDT serviva anche per sterminare mosche e zanzare (quest'ultime veicolo per la malaria), oggi non è più in uso ma tutti i prodotti usati come pesticidi industriali, prodotti per l'igiene sono efficaci ma estremamente inquinanti e noi del 2000 abbiamo l'obbligo di porre rimedio per salvare l'equilibrio di questo nostro meraviglioso pianeta e non lasciare alle future generazioni una terra che non darà più frutti per la sopravvivenza, inoltre poter evitare quei cambiamenti climatici dovuti al buco dell'ozono portatori di immense tragedie per l'essere umano e per la specie animale.

Il filo che ci univa con il resto del mondo era la radio.

Ricordo il primo Festival di Sanremo fu trasmesso tramite radio, fece riunire la famiglia e gli amici, perché considerato un grande evento; i cantanti erano solo tre e si alternavano ad eseguire più di una canzone e l'orchestra era diretta dal mitico maestro Angelini; vi assicuro che solo ascoltare senza vedere le immagini si poteva con miglior giudizio assaporare il testo e la musica.

Il giorno dopo la premiazione, passava il pianino, suonava i motivi delle canzoni trasmesse e si vendevano i *"canzonieri"* portanti i testi con le foto dei cantanti, tutti si correva ad acquistarli in modo che leggendoli ed ascoltandole alla radio imparavamo a cantarle.

Forse per questo le conoscevamo tutte, oggi con i cd si imparano al momento, ma rimane ben poco, con altrettanta facilità vanno nel dimenticatoio, ancora io conservo gelosamente alcuni canzonieri, e ogni volta che li guardo vado con la mente al passato e mi emoziono.

Le nostre merende consistevano in fette di pane con pomodoro o fette di pane inumidite con zucchero sopra, a scuola invece, si spalmava il formaggino bianco, se poi si voleva strafare nel "lusso" si acquistava il formaggino al gianduia; la mortadella era un lusso e il panino farcito con essa si offriva in occasione di feste di onomastico o di compleanno, oppure durante le feste di matrimonio, il tutto festeggiati rigorosamente in casa. Oggi si getta in pattumiera pane,prosciutto e quant'altro e si fa gli schifi gnosi sulla scelta del cibo,senza pensare che nel mondo c'è ancora chi muore di fame e si accontenterebbe di un tozzo anche duro.

Dalla seconda metà degli anni cinquanta, in Italia, si iniziò a parlare di un oggetto, detto televisore.

Si aveva la possibilità di vedere le immagini e quale meraviglia e curiosità destò!

Il costo però era elevatissimo e pochissimi potevano permetterselo direi come le mosche bianche. I locali e i cinema si attrezzarono e le famiglie, il sabato sera vi si recava per visionare i programmi più graditi alla massa il programma; in seguito ci fu il gioco a quiz *"Lascia o raddoppia"* presentato da Mike Buongiorno, che appassionò tutti gli italiani incollati allo schermo. Man mano quest'oggetto iniziò ad entrare in qualche casa e lì ci si riuniva fra amici e parenti, si commentava ed era ancora un modo di aggregarsi e stare in compagnia. Vennero successivamente i programmi per ragazzi: Furia, Rin tin tin, topo Gigio, Lassie, Zorro, ecc…

 Inoltre, per ovviare all'alto tasso di analfabe

tismo la RAI trasmise il programma *"Non è mai troppo tardi"* condotto dal maestro Manzi, furono creati gruppi di ascolto specie nei paesi più sperduti, lui spiegava la lezione in tv ed assegnava i compiti, che venivano eseguiti e corretti dall'insegnante presente nei gruppi d'ascolto. Sapeste quante persone, anche anziane, riuscirono a leggere e scrivere, ed oggi per i giovani, con tutti i mezzi a disposizione, andare a scuola per la maggior parte è come se si recassero al patibolo o come se facessero una concessione a chi? Non si rendono forse conto del tutto che l'ignoranza è alla base della maggior parte degli errori dell'umanità, dovrebbero pensare allo sforzo e alla forza di volontà avuta da chi non sapendo apporre la loro firma e andando a lavorare nei campi o nelle fabbriche è riuscito a saper leggere e scrivere allargando così il proprio orizzonte.

L'avvento della televisione, ebbe anche il suo rovescio della medaglia, iniziò ad allontanare dai teatri la gente, teatri che mettevano in scena operette, commedie e varietà, di cui conservo ancora un meraviglioso ricordo. Man mano si andava avanti, la tv iniziò a trasmettere programmi sempre più interessanti, il venerdì era dedicato alle commedie, il sabato puntualmente al varietà e la domenica agli sceneggiati a puntate. Si iniziò a conoscere le commedie del grande Eduardo e Peppino De Filippo, le operette alla portata di tutti, la comicità semplice e pulita che riusciva a farci ridere e divertire, i grandi romanzi di scrittori italiani e stranieri: quale ad esempio "La Cittadella" di Tolstoj, e che dire dell'avvento della pubblicità tramite il mitico Carosello con i suoi personaggi ancora oggi ricordati: Calimero, Carmensita per una marca di caffè, Lagostina, e tante scenette divertenti recitate da attori, e….dopo Carosello tutti a nanna.

Nella mente di noi ragazzi, si apriva un orizzonte nuovo e anche la nostra cultura si arricchiva, in contemporanea però le famiglie iniziarono ad isolarsi un po'di più, la tecnologia aveva preso un ritmo incalzante, sempre più in fretta si videro le prime cucine a gas con bombole, il frigorifero, i giradischi, i dischi a 48 e 33 giri, s'iniziarono ad ascoltare cantanti stranieri quali ad esempio Paul Anka, Elwis Presly, i Beatles, ecc…

Nelle case s'iniziarono ad installare i primi apparecchi telefonici, fissati al muro, rigorosamente di colore nero.

Il contratto con l'unica compagnia telefonica era singolo o duplex (singolo si pagava più canone in quanto l'utente usufruiva della linea singolarmente, mentre il duplex consisteva condividere la linea con un'altra famiglia ed era un problema se una delle due stava parlando, l'altra non aveva la possibilità di collegarsi creando così non pochi screzi, ma si pagava meno canone); le interurbane si prenotavano tramite centralino e ogni 2 minuti la centralinista ti chiedeva se volevi interrompere la conversazione o raddoppiare il tempo.

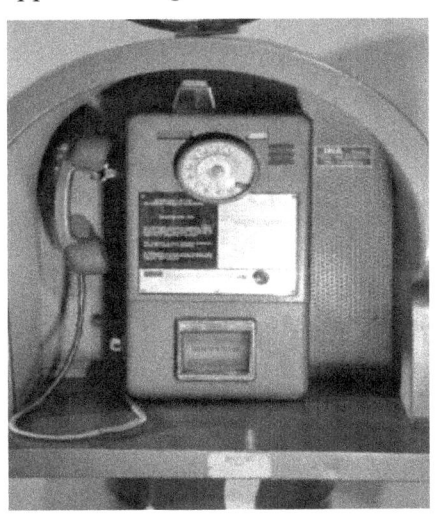

Per le vie, invece, vennero installate le cabine telefoniche con relativi gettoni, e sapeste che file specie nei giorni festivi, in quanto la tariffa era ridotta e si aveva l'opportunità di parlare di più.

Oggi ci sono una miriade di compagnie telefoniche, c'è il libero mercato e si può passare da una all'altra, ti danno informazioni forvianti e ti ritrovi sempre impelagato da nodi da sciogliere, in più si viene oberati da continue telefonate ed a qualsiasi ora dai *call center* che offrono, a dir loro, vantaggi contrattuali ma che in genere nascondono trucchetti.

Le classi da prettamente femminili e maschili iniziarono ad essere miste, a scuola le ragazze usavano recarsi con il grembiule nero sino all'ultimo anno delle superiori, c'era un rigoroso rispetto per i professori e nel caso si riceveva una punizione, i genitori erano solidali e ne impartivano altre loro, in quanto la suddetta rappresentava motivo di mortificazione. In questo modo i professori lavoravano potevano con più serenità e proseguiva gli studi chi aveva veramente volontà di imparare,le bocciature scoraggiavano gli sfalzini e facevano in modo che i genitori non spendessero inutilmente denaro, perché anche a quei tempi comportava sacrifici non indifferenti mandare i figli a scuola. Le festicciole di noi ragazzi degli anni sessanta si svolgevano in casa, con la supervisione dei genitori, si iniziava alle 16 e il rientro a casa massimo 20, 30; a turno le si organizzavano e vi assicuro ci divertivamo da morire, facevamo anche il gioco della spazzola: consisteva nel mettere un disco, uno di noi aveva la spazzola in mano ed un altro interrompeva la musica all'improvviso e il cavaliere che veniva toccato in quel momento dalla spazzola doveva cedere la dama; sapete quante volte, se piaceva un ragazzo o ragazza, ci si metteva d'accordo d'interrompere la musica in modo di ultimare il ballo con chi avevamo una simpatia?

Con l'avvento delle discoteche si sta soli pur essendo in tanti e i balli hanno ritmi ossessionanti e la musica trasmessa con volume altissimo tanto da stordirti e imbambolarti, sono balli che si eseguono isolatamente senza quel contatto fisico che dava un'emozione particolare, si era completamente trasportati dal ritmo, coinvolti e partecipi con le parole della canzone come fosse stata scritta esclusivamente per noi.

Dal tram che scorreva sulle rotaie si passò alle filovie, ai giradischi, ai dischi in vinile, ai jukebox posti nei locali o nelle spiagge, comunque nei luoghi di ritrovo, inserivi una monetina e sceglievi la canzone che preferivi ascoltandola. Il disco con una canzone per facciata costava 600 lire, invece quello a due canzoni per facciata costava di più, e vi assicuro che il regalo più gradito in occasione di un compleanno o onomastico di amici era il disco con la canzone che si sapeva preferisse; anche nei regali ci si accontentava di poco e quel poco ci rendeva felici ed euforici, come è cambiato ora che si va alla ricerca di regali sofisticati!

Ora vi farò sorridere un po', in ogni festa c'era il più timido o il più imbranato e puntualmente lo si collocava vicino al giradischi con il compito di sostituire il disco quando terminava la canzone, certamente per quel tizio non era una festa, ma un tormento senza poter riuscire a fare un ballo; comunque devo riconoscere che eravamo cattivelli!

La moda degli anni sessanta per le ragazze, era indossare vestitini molto larghi con sottogonne di tela che si inamidavano per dare volume o con vari strati di tulle; i capelli cotonati con fiocchi di velluto, oppure *"code di cavallo"* molto lunghe. Io sto scrivendo queste pagine nell'anno 2015 e con piacere noto che parte di quella moda sta ritornando in auge, era stupenda, mi sembra di ritornare indietro nel tempo,con una differenza che ora non posso permettermi di indossare ciò che allora mi era consentito, data l'età: peccato!

Era l'epoca dei fotoromanzi, del Corriere dei Piccoli, della collana di Lyala e Delly adatta alle adolescenti, dei Tex, dei Tom Mix, dei romanzi di Dumas, di grandi scrittori italiani e stranieri che appassionavano noi ragazzi che facevamo a gara per acquistarli per poi scambiarceli.

Nel tempo che viviamo tutto è online,
l'odore della carta appena stampata non si
sente più, il gusto di sfogliare le pagine con
la bramosia di giungere al finale dov'è
finita?

Chi ha vissuto quell'epoca nello
scrigno dei ricordi sono racchiuse

emozioni, sensazioni, difficili da poter trasmettere a parole alle nuove generazioni, restano impresse in modo indelebile in chi le ha vissute e si potrebbero capire a pieno soltanto vivendole.

Vogliamo parlare poi di quelle meravigliose fotografie in bianco e nero, che gelosamente conserviamo nei nostri album; sfogliandoli ritroviamo il nostro vissuto, brandelli della nostra vita, momenti felici, periodi storici anche dolorosi, ma senza un passato e senza una memoria non ci sarebbe futuro.

Oggi ci sono le macchine fotografiche digitali, le telecamere digitali senz'altro valide ma a volte ci si dimentica o per pigrizia di portarli dal fotografo a convertirle in foto su carta o i filmini su dvd così restano nella scheda della macchina fotografica o della telecamera sino a scordarsi dell'esistenza, senza contare dell'effimera durata che potranno avere nel tempo questi cd o dvd, resisteranno nel tempo o si perderanno con loro i nostri ricordi?

Nostalgia dei vecchi rullini? Ebbene sì, c'erano da 12 o da 36, scattate le foto, si portava dal fotografo per lo sviluppo e dopo qualche giorno si andava con ansia a ritirarle e conservavano ancora l'odore della stampa, e, immancabilmente si sistemavano negli album.

La mia generazione ha assistito all'evolversi di un'epoca, ha vissuto con tanti sacrifici e stenti, abbiamo mangiato pane e pomodoro a merenda, abbiamo vissuto in compagnia dei pidocchi, la nostra palestra è stata la strada: eppure siamo vissuti nel bene o nel male con tanta felicità e semplicità. I nostri giri in bicicletta, la visione dei film (in quelli western il momento che arrivava la cavalleria a salvare una situazione noi urlavamo incoraggiandola come fossimo protagonisti *"arrivano i nostri"* gridavamo!), nei locali delle parrocchie, dei 45 giri in vinile, la stretta di mano sacra per sancire un patto o una promessa, l'amicizia vera e sincera, l'aggregazione, le feste con tutta la famiglia riunita.

Abbiamo vissuto le prime forti contestazioni giovanili del '68, prendendo coscienza delle ingiustizie e delle riforme scolastiche che non andavano bene, le occupazioni nelle università e il 36 politico dato agli studenti visto che non c'era stato il modo di poter svolgere un programma.

Non avevamo bisogno che venisse un'animatrice per animare le feste di compleanno perché avevamo una miriade di giochi da poter fare in gruppo, non conoscevamo la solitudine, a differenza di oggi che si è soli fra tanti; i nostri compleanni si festeggiavano in maniera semplice: un dolcetto con i parenti e via a giocare come un giorno qualsiasi; per quanto riguardava l'anniversario degli gli adulti, chi poteva permetterselo, festeggiava in casa con amici e parenti, i dischi suonavano, si ballava, si offrivano dolcetti artigianali fatti in casa e cotti dal fornaio e quell'odore inebriante dei panini croccanti con la mortadella. Gli anziani erano una risorsa,era scontato che i figli se ne prendessero cura sino alla fine, erano rispettati e non perché servivano da *baby sitter*, ma era sacra la loro esperienza e noi bambini eravamo rapiti nell'ascoltare il loro vissuto come fosse una favola e nel contempo loro si sentivano protagonisti e importanti, non rappresentavano un peso o un impedimento per eventuali spostamenti della famiglia. L'unico viaggio, e non per tutti, era quello di nozze, quasi sempre a Roma o Venezia, per il resto dei giorni e degli anni, la vita si svolgeva con lo stesso ritmo: non si chiedeva di più, ci si accontentava di ciò che si poteva avere, si era felici ugualmente perché il valore della famiglia era indiscutibile.

C'è anche qui il rovescio della medaglia, non si aveva la possibilità di scoprire fette di mondo se non nei racconti, senza poter godere delle bellezze della terra, possibilità solo ristretta a pochi.

Passiamo all'argomento scuola (premetto che c'era un alto tasso di analfabetismo).

Le nostre cartelle erano di cartone pressato, i nostri libri nelle scuole elementari erano solo due: il sussidiario che convogliava tutte le discipline e il libro di lettura, i quaderni con la copertina nera e i bordi dei fogli rossi, con sulla facciata anteriore stampata un'etichetta bianca

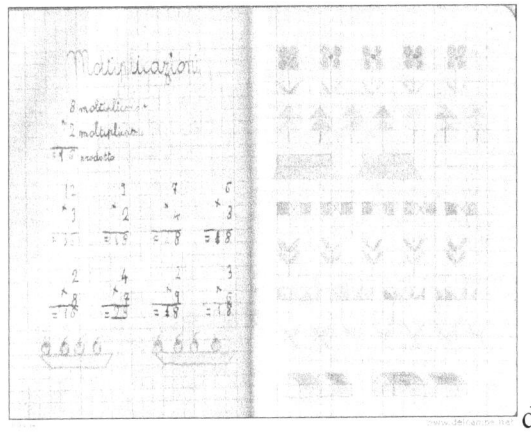

ove si scrivevano i nostri dati, avevamo il quaderno di bella e brutta copia, l'asticciola in cui si infilava il pennino, il calamaio, l'asciuga pennino (consisteva in tanti strati rotondi di stoffa tenuti al centro da un bottone cucito e serviva per pulire il pennino sia da pelucchi della carta e sia per poterlo riporre); le nostre dita erano sempre macchiati d'inchiostro.

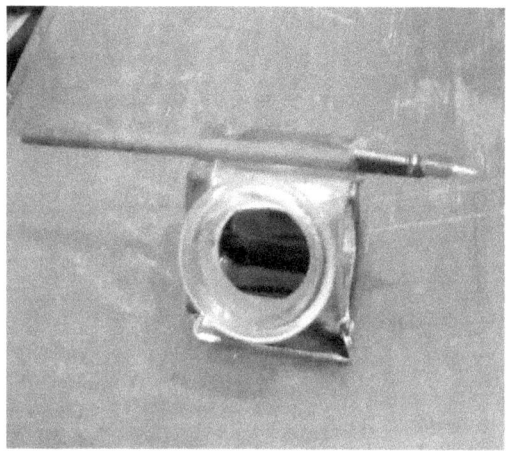

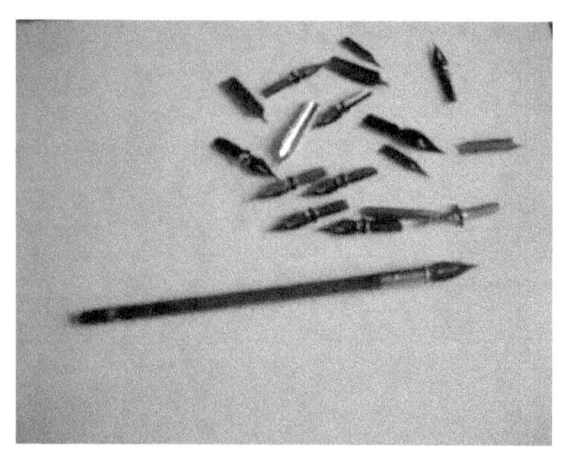

Massimo rispetto per gli insegnanti anche quando la loro bacchetta colpiva il palmo delle mani per qualche marachella, anche quando per punizione ci facevano stare tutto il tempo della lezione dietro la lavagna, anche quando ci attaccava dietro le spalle il foglio scritto male con disegnate le orecchie di asino facendo il giro delle classi con la conseguente derisione degli alunni ma non si andava dallo psicologo per questo, non si creavano manifestazioni contro la scuola, a casa invece si aveva un'ulteriore punizione perchè l'operato dell'insegnante era sacro. Venire promossi alle "scuole elementari" era un vanto perché si veniva bocciati e rimandati, molti lasciavano la frequenza scolastica in prima o seconda classe per inserirsi nel mondo del lavoro con grande sfruttamento del lavoro minorile,si dava poca importanza alla cultura, il frequentare la scuola comportava grandi sacrifici che non tutti potevano permettersi quindi veniva escluso anche chi pur avendo talento non ne aveva le possibilità. E' anche vero, però, che proseguiva chi anche con sacrifici mostrava attitudine allo studio.

Oggi con l'avvento dell'obbligatorietà portata prima a 14 anni e successivamente a 16, a mio parere ha fatto sì che gli insegnanti si ritrovino un po'con le mani legate, non possono permettersi punizioni (anche se nulla a che vedere con quelle antiche!) anche se a volte risulterebbero salutari, altrimenti si mobilitano genitori, sindacati ed oggi i social network, riducendo così il loro ruolo di educatori. Ai miei tempi si sostenevano esami in terza e in quinta classe, anzi chi avrebbe scelto la scuola media si sosteneva l'ulteriore esame di ammissione che comportava una preparazione a parte con molta analisi logica, storia del risorgimento e una decina di poesie con relativo commento,in quanto si sarebbe affrontato lo studio del latino; invece chi sceglieva l'indirizzo professionale sosteneva soltanto l'esame di quinta.

Come sono cambiate molte istituzioni!

Noi l'incubo degli esami l'avevamo già da piccoli e non c'erano regali gratificanti a fine anno per la promozione, era solo un semplice "Bravo" che racchiudeva tutta la stima che un genitore provava nei confronti del figlio; quali cellulari, quali viaggi!

Nulla di tutto ciò, ma si era orgogliosi e felici per quella breve e semplice parola, soddisfatti per aver avuto il senso del dovere .

Dopo i mitici anni sessanta, tutto si è evoluto in maniera crescente e vertiginosa: aumentò il numero delle auto in circolazione intasando le vie, elettrodomestici a portata di quasi tutte le famiglie, registratori che ti davano la possibilità di ascoltare musica tramite cassette e riascoltare la voce di chi registrava mandando pian piano in pensione il vecchio giradischi, non più foto scattate per strada o dal fotografo ma ognuno possedeva una macchina fotografica, i mezzi di comunicazione aumentati di numero e tipologia. Scomparvero così alcune mitiche figure artigianali quali il fornaio, il fotografo di strada, le carrozzelle, il salumaio di fiducia, il pecoraio che vendeva il latte appena munto per strada,la balia che allattava il bimbo qualora la mamma ne era sprovvista (detta *mamma di latte*), il profumo del pane appena sfornato; l'elenco sarebbe troppo lungo per definire ciò che oggi non c'è più e sconosciute alla nuova generazione.

Certo la vita deve andare avanti e deve
evolversi come disse Dante nel canto
dell'inferno riferendosi ad Ulisse "*fatti non
foste per viver come bruti ma per seguir
virtude e conoscenza*"(frase molto spesso
citata da me ai miei figli), ma sostengo che
dove non c'è memoria non c'è futuro,
infatti negli anni 70 si è assistito allo

straordinario evento dello sbarco sulla luna, dove la fantascienza divenne realtà.

Queste mie pagine sono dedicate a chi, come me ha vissuto quei periodi per poterli rivivere assieme, ma soprattutto ai giovani, quasi sempre insoddisfatti di ciò che posseggono, che l'aggregazione quasi sempre significa formare branco per vessare il più debole; ai giovani che hanno poco rispetto del lavoro altrui e delle cose altrui, ai giovani che sanno interagire solo con i sofisticati cellulari e che pur stando in gruppo sono sempre annoiati e non sanno come trascorrere il tempo e la loro noia esplode in atti vandalici o nel rifugio della droga. Con ciò non voglio dire che il passato fosse tutto stupendo, di problemi ce n'erano e tanti, ma l'affetto, il senso del rispetto e l'unione familiare faceva sì che ogni ostacolo venisse superato nel modo migliore: questo concetto lo ribadirò sino alla nausea perché sono convinta che sia la cura migliore per andare avanti e per assaporare il gusto della vita. Devo però anche ringraziare tutti i giovani e adulti che fanno parte del mondo del volontariato e che con abnegazione dedicano il loro tempo ai più deboli e bisognosi,e ce ne sono tanti! A loro il mio più sentito Grazie. Mi auguro che genitori e figli ritrovino quel dialogo necessario a che il divario generazionale non sia sempre più profondo, che si ritrovi il gusto delle feste e delle domeniche trascorse in famiglia o con gli amici più cari e che questo mio scritto vi abbia fatto sorridere un po', fatto ritornare alla memoria usanze ormai dimenticate, insegnato a chi è lontano da quell'epoca come ciò che oggi di bello può esserci è stato frutto di un passato semplice e genuino.

Allegati

Immagini di altri tempi...

Radio anni '50

Filobus

Carrozza con cavallo

Battipanni anni '50

Braciere

Telefono pubblico a gettoni

Cabina telefonica

Un 33 giri

Un 45 giri

Giradischi portatile

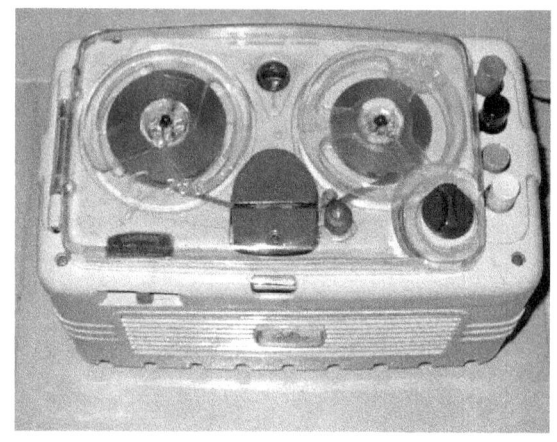

**Antico Registratore Geloso con
bobina**

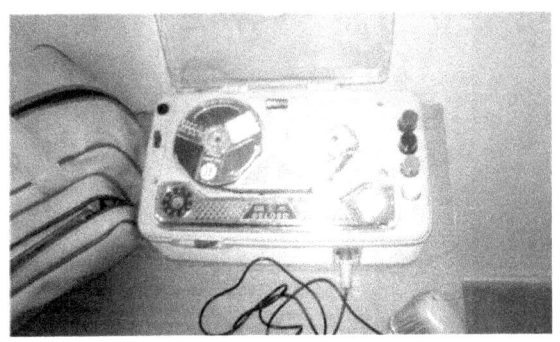

Macinacaffè

**Binocolo per foto a due, con visione
monoculare (unica) ingrandita**

Macchina da scrivere Olivetti

Macchina da scrivere anni '70

**Primo Notebook 486 con
alimentatore, dischetto e mouse
(anni '90)**

Macchina fotografica con rullino

Macchina da cucire Singer

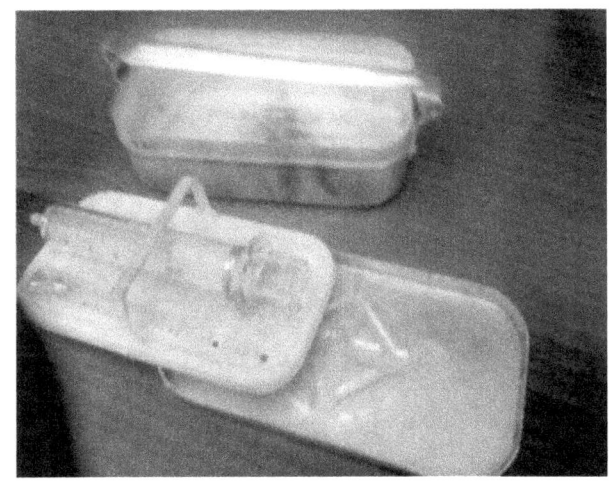

Bollitore siringa

Occhiali per moto anni '40

Radio e registratore anni '70

Audiocassette

Portagioia

Macchina fotografica Instamatic

Telecamera anni '70

Foto ricordo

Foto ricordo
La mia prima chitarra Echo

Ricordi del servizio militare

Ricordi del servizio militare

**Ricordo di un saggio ginnico
scolastico**

Giardinetta familiare

Antico carrozzino (anni '40)

**Topolino e gettone per telefono
pubblico**

Antica calcolatrice (anni '80)

Antica calcolatrice (anni '70)

Orlando Furioso
(copertina e una pagina interna del
libro con immagine a rilievo)

Corriere dei piccoli anni '80

Quaderno di stenografia

Vocabolario di Latino (anni '50)

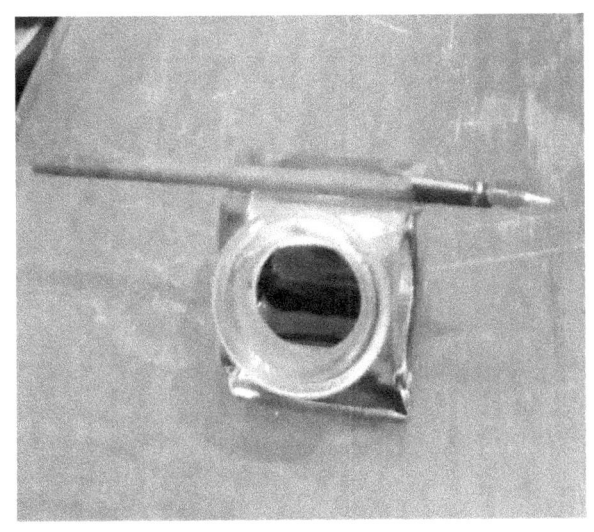

Pennino e calamaio

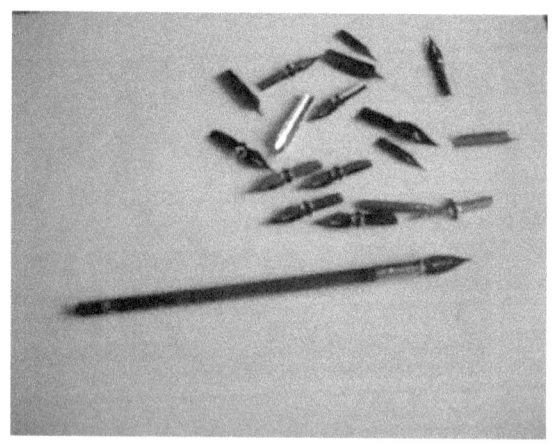

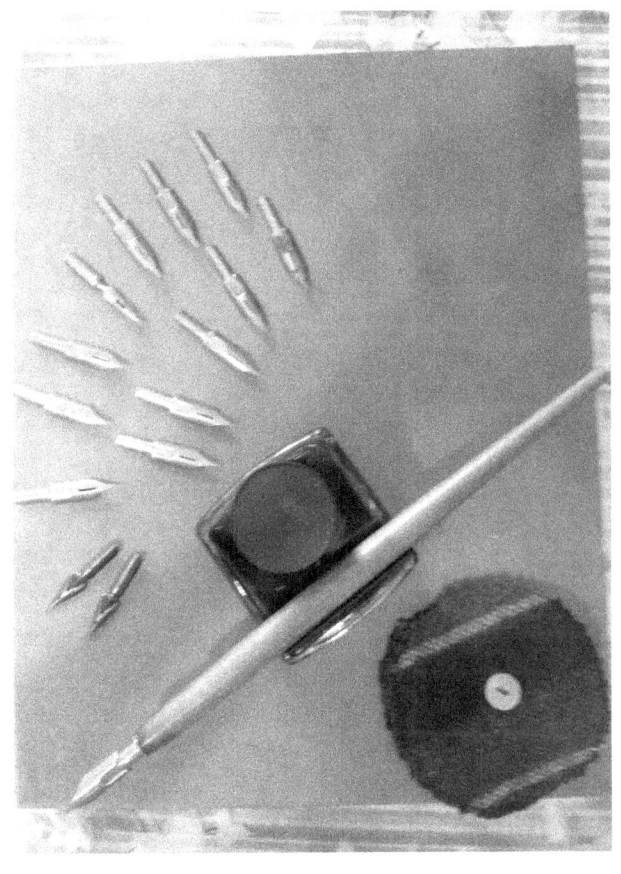

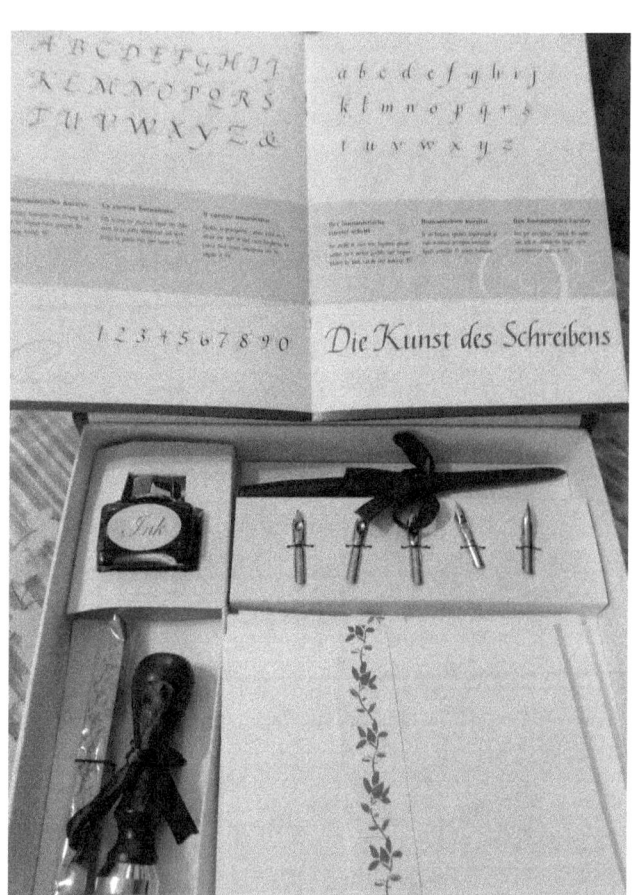

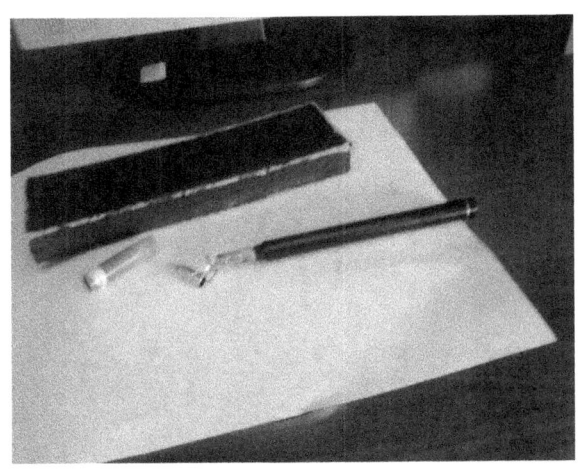

Pennino per disegno tecnico

Libri di lettura per ragazzi

**Apparecchio per forare carta
e cartoncini**

Bicchieri della nutella "Olimpiadi di Roma anni '60"
(originariamente erano sei)

Fono anni '60

Ed ora…per giocare, comunicare, ascoltare musica, vedere filmati, esplorare…esiste…lo smartphone!!!!

Anche io ne faccio uso …..